Índice

¡Hola, amigos!

CUADERNO DE ACTIVIDADES

Nivel **3**

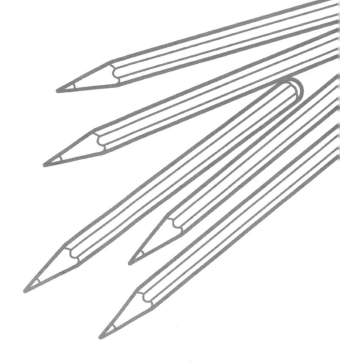

Diploma de Español

Juego de dominó

Instituto Cervantes

Edi numen

MI PROGRESO

1 Escribe el nombre de nuestros amigos.

 Yo me llamo _____.

 Yo me llamo _____.

 Yo me llamo _____.

 Yo me llamo _____.

 Yo me llamo _____.

 Yo me llamo _____.

Ella se llama _____.

2 Completa.

¡Hola! Me llamo Juan y vivo en España. Te presento a mi familia. Mi _____ se llama Pepe y tiene 38 años. Mi _____ se llama Margarita y tiene 36 años. Ana es mi _____ y Manuel es mi _____. Tengo un _____ que se llama Carlos y tiene 7 _____. Tengo una _____ que se llama Inés y _____ 12 _____. Su _____ se llama Diego y es mi _____. Cristina es mi _____.

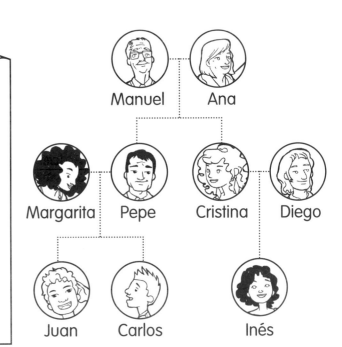

Manuel   Ana

Margarita   Pepe   Cristina   Diego

Juan   Carlos   Inés

3 Lee y completa.

Hola, me llamo Lucía.
Tengo 10 años.
Soy de Argentina.
Vivo en España.

- **Nombre:** Lucía.
- **Años:** 10.
- **¿De dónde eres?:** Argentina.
- **¿Dónde vives?:** España.

_____
_____
_____

- **Nombre:** María.
- **Años:** 10.
- **¿De dónde eres?:** España.
- **¿Dónde vives?:** España.

¿Dónde vives?

4 Observa. Luego, escribe.

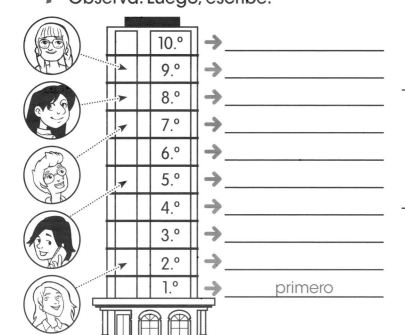

Piso	
10.° →	_____
9.° →	_____
8.° →	_____
7.° →	_____
6.° →	_____
5.° →	_____
4.° →	_____
3.° →	_____
2.° →	_____
1.° →	primero

Vivo en el segundo.

Vivo en el
_____

Vivo en el
_____

Vivo en el
_____

Vivo en el
_____

5 Escribe sobre ti.

1 ¿Cómo te llamas? → Me llamo _____.

2 ¿Cuántos años tienes? → Tengo _____.

3 ¿Dónde vives? → _____.

4 ¿En qué calle vives? → _____.

5 ¿Con quién vives? → _____.

6 ¿Cómo se llama/n tu/s abuelo/s? → _____.

7 ¿Cuántos años tiene? → _____.

6 Lee y contesta.

Me llamo Tomás y tengo 12 años. Soy de México y vivo con mis padres y mi hermana en la calle Larga, número 18, 4.° piso. Mis tíos viven en la misma calle con mis primos Álex y Cristina. Mi primo Álex tiene 11 años y mi prima Cristina tiene 14 años. Mis abuelos viven en México. Mi abuela tiene 78 años y mi abuelo tiene 80 años. Tienen un gato que se llama Coco.

1 ¿Dónde vive Tomás? → Tomás vive en la calle Larga, número 18, 4.° piso.

2 ¿Con quién vive? → _____

3 ¿Cómo se llama su primo? → _____

4 ¿Con quién vive Cristina? → _____

5 ¿Cuántos años tiene el abuelo de Álex? → _____

6 ¿Cómo se llama el gato de sus abuelos? → _____

7 Observa y relaciona.

1 Jugar al fútbol.
2 Montar en bici.
3 Dibujar.
4 Tocar la guitarra.
5 Montar en monopatín.
6 Leer un cómic.
7 Jugar al baloncesto.

a

b

c

d

e

f

g

8 Completa y escribe sobre ti.

Todos los días, Juan ___monta en bicicleta___ y _____.

A veces _____.

Normalmente Carmen _____, pero no _____. A veces ella

_____.

Todos los días yo _____, pero no _____. Normalmente _____

y _____. A veces _____.

9 Lee y completa.

| leo | monta | juego | dibuja | ~~estás~~ | llama | toca | juega |

De: Clara   Para: Marta   Asunto: Mis amigos

¡Hola!, ¿qué tal? ¿Cómo ___estás___? Yo estoy muy contenta. Tengo nuevos amigos
y _____ al baloncesto con ellos en el parque. Ana _____ la guitarra y
Alberto _____ en bicicleta. Mi amigo Javi tiene un caballo. Se _____
Furia. ¡Él a veces _____ al fútbol! Julia _____ muy bien, es la número
uno, y yo _____ cómics con ellos.
¿Y tú qué haces?
Hasta luego,
Pablo

Unidad 2

¡Todos los días!

Sesión 1

1 Relaciona y escribe.

| desayunar | ducharse | ~~levantarse~~ | ir al colegio |
| vestirse | hacer la cama | sacar al perro | lavarse los dientes |

_____   _____   _____   Me levanto

_____   _____   _____   _____

2 ¿Qué haces tú por las mañanas? Enumera. Luego, escribe.

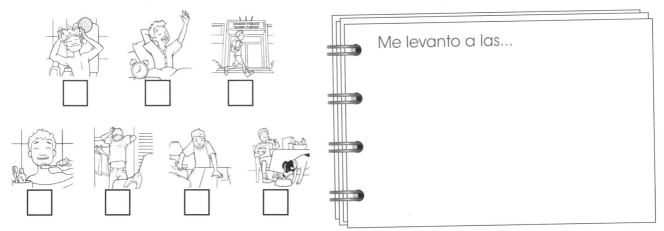

Me levanto a las...

3 Completa.

1 Yo ___me levanto___ a las ocho. Desayuno y _____.

2 Mi hermana _____ por las mañanas.

3 ¿Tú normalmente _____?

4 ¿Tú _____ después de desayunar?

5 Marta _____ a las nueve.

4 Observa y completa.

Son las doce
en punto.

_____   _____   _____

Son las tres
menos cuarto.

Son las siete
y media.

Son las cinco
y cuarto.

Son las seis
en punto.

5 Dibuja y contesta.

	Lucía	Su hermano	¿Y tú?
8:00		X	
8:15			
8:30			
8:45			
9:00	X		

1 ¿Qué hace Lucía todos los días?

_____

_____

_____

2 ¿Qué hace su hermano?

_____

_____

_____

3 ¿Qué haces tú?

_____

_____

_____

6 Completa.

Todos los días me levanto a las _siete y media_, me ducho y desayuno.
Antes de ir al colegio, me _____ los dientes y _____ la cama.
Los domingos _____ a las once, _____ con mi abuela,
me _____ y _____ a mi perro. Después, _____
al parque y _____ en monopatín.

desayuno / visto / voy / saco / ~~siete y media~~ /
hago / monto / lavo / me levanto

7 Ordena.

☐ Me acuesto a las diez.

☐ A las nueve menos cuarto vuelvo a casa y ceno.

☐ A las dos como y hago los deberes.

☐ Después, a las diez, desayuno cereales con leche.

☐ Vuelvo a casa a la una y media.

1 Hola, soy Mario. Los sábados me levanto a las nueve y media.

☐ Por la tarde, a las cinco, meriendo y voy al parque con mis amigos.

☐ Me visto y voy a jugar al fútbol a las diez y cuarto.

8 ¿Qué hace María? Escribe.

14:00

COLEGIO PÚBLICO "GLORIA FUERTES"

María vuelve a casa a las dos.

14:15

_____

15:30

_____

20:45

_____
_____

21:30

_____
_____

9 Escribe el diálogo.

comes? /qué / ¿a / hora / Carmen,	→ Carmen, ¿a qué hora comes?
dos / A / las / cuarto. / y	→ _____
por / tardes? / las / haces / ¿Qué	→ _____
deberes / las / Hago /a / cuatro. / los	→ _____
parque / ¿Vamos / al / tarde / seis? / a / las / esta	→ _____
nos / parque. / el / vemos / en / Vale,	→ _____

MI PROGRESO

1 Completa.

_____ zanahoria _____

_____ _____

_____ _____

_____ _____

_____ _____

_____ _____

_____

2 Lee y dibuja.

1 Juan tiene un cuchillo y un tenedor. De primer plato, toma carne con zanahorias y, de segundo plato, pasta.

2 Pablo tiene una cuchara, un tenedor y una servilleta. De primer plato, toma lentejas y, de postre, un plátano.

3 María tiene un tenedor, un cuchillo y una cuchara pequeña. De primer plato, toma ensalada; de segundo plato pescado con patatas fritas y, de postre, una pera. ¡Le encanta el pan!

3 Observa y completa.

Yo tomo ___ensalada___ todos los días, _____ tres veces a la semana y _____ una vez a la semana.

Yo tomo... _____

¿Cuántas veces?	Todos los días	Una vez a la semana	Tres veces a la semana
María			
Lucía			
Tú			

Tú _____

4 Completa.

1 ¿Qué ha desayunado Juan?

Juan _____

_____

2 ¿Qué ha comido Lucía?

Lucía _____

_____

3 ¿Qué ha cenado María?

María _____

_____

5 Escribe sobre ti.

Mi diario: ¿Qué he comido hoy?

Hola soy _____ y soy de _____ . Hoy he desayunado con mis padres a

las _____ . Yo tomo _____ todos los días.

Hoy he comido _____ .

¡Me encanta _____ !

Ceno _____ . Hoy he cenado _____ .

6 Lee y escribe.

¿Has _____ en monopatín?

Sí, _he montado en monopatín_ .

¿Has _____ al baloncesto?

No, _____ .

¿ _____ leche y pan?

_____ .

¿ _____ pescado hoy?

_____ .

7 Ordena y encuentra la palabra.

aceite   _____   _____   _____   _____   _____

8 Ordena y relaciona.

1 Tengo / Pásame /por favor. / el zumo, /sed.

_____.

2 pasas / ¿Me / por favor? / la sal,

_____.

3 hamburguesa. /Tengo/ una / ganas de

_____.

4 Me apetece/ Tengo / fruta. / hambre.

_____.

9 Completa y escribe el menú.

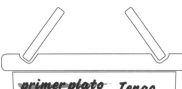

primer plato   Tengo ganas de
pescado   prefieres
Pásame   segundo plato
todos los días

 Mamá, ¿qué comemos hoy?

 Hoy comemos, de ___primer plato___, lentejas.

 ¡Oh! _____ de pollo.

 Comemos pollo tres veces a la semana. De _____ hoy comemos _____ con ensalada.

 ¡Pero, comemos ensalada _____!

 ¡Anda! _____ las zanahorias y los guisantes, por favor.

 ¿Y de postre?

 De postre, ¿ _____ peras, manzanas o plátanos?

 Manzanas, mamá.

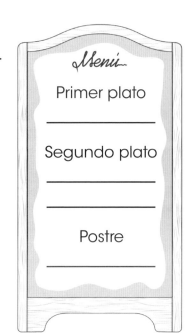
Menú
Primer plato
_____
Segundo plato
_____
_____
Postre
_____

Unidad 4

En la ciudad

MI PROGRESO

Sesión 1

1 Une.

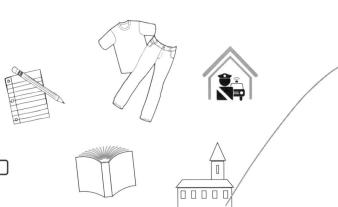

- iglesia
- farmacia
- panadería
- papelería
- librería
- tienda
- comisaría
- centro comercial

2 Completa y dibuja.

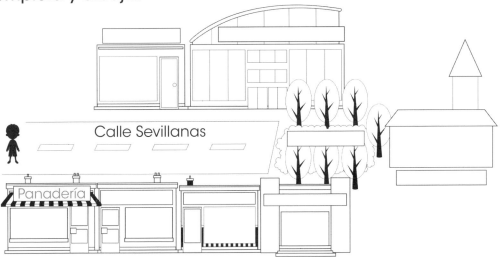

Calle Sevillanas

Panadería

1 Hay una panadería en la calle Sevillanas.
2 La librería está delante de la farmacia y al lado de la panadería.
3 La iglesia está detrás del parque.
4 Hay un centro comercial al lado de la farmacia.
5 Delante de la comisaría hay un parque.
6 Hay _____ al lado de la librería.

3 Observa y contesta.

1 ¿Dónde está el número ochenta y siete?
   Está delante del sesenta y dos .

2 ¿Dónde está el número cuarenta y cinco?
   Está al lado del .

3 ¿Dónde está el noventa y ocho?
   _____.

4 ¿Qué número lleva el chico del patinete?
   _____.

4 ¿Dónde está el colegio?

1 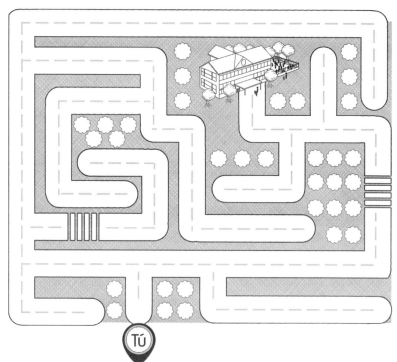 Sigue recto _____.

2 _____.

3 _____.

4 _____.

5 _____.

6 _____.

7 _____.

5 Lee y completa.

¡Buenos días! ¿Hay un centro comercial cerca de aquí?

Sí, hay uno muy cerca. _____ Sigue recto _____.

En la segunda calle, _____.

Hay _____ al lado de la

_____. Después _____

_____ y, detrás del

_____, está el centro comercial.

6 Contesta.

1 ¿Dónde vives? _____.

2 ¿Cuál es tu dirección? _____.

3 ¿Hay un parque cerca de tu casa? _____.

4 ¿Dónde está? _____.

5 ¿Hay un hospital? _____.

6 ¿Dónde está? _____.

7 Relaciona y colorea.

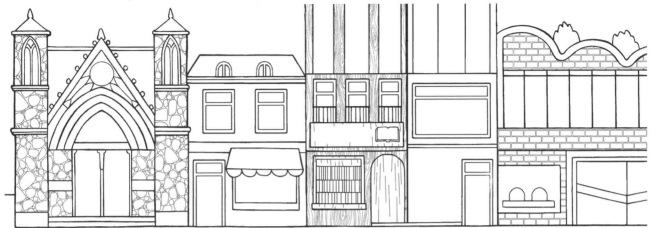

1 Colorea de gris el edificio de piedra y antiguo.
2 Colorea de rojo el edificio moderno y de ladrillo.
3 Colorea de morado el edificio de madera.
4 Colorea los otros edificios.

8 Escribe estos números.

100	300	500	700	900
cien				

cero	doscientos	cuatrocientos	seiscientos	ochocientos	mil
0					

9 Lee y completa.

piedra   madera   antiguos

Santillana del Mar es un pueblo que está en el norte de España. Todos sus edificios son muy _____ y son de _____. Algunos edificios tienen balcones de _____ con muchas flores. En el centro hay una plaza y una pequeña iglesia muy antigua que se llama Colegiata.

ladrillo   rojo   moderna   edificio

Benidorm está en Alicante, en el mar Mediterráneo. Es una ciudad _____, con _____ muy altos. Hay un hotel que tiene 47 plantas, 700 habitaciones y mide 200 metros. Muchos pisos son de _____ blancos y otros de color _____.

MI PROGRESO

Sesión 1

1 Busca y completa.

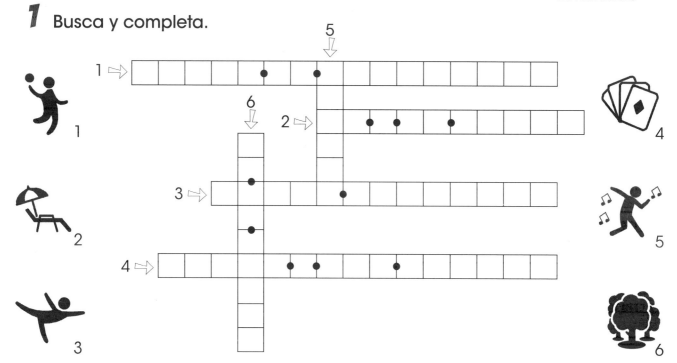

2 ¿Te gusta? Escribe.

Hacer natación	Hacer atletismo	Ir al teatro	Jugar al tenis	Ir al cine	Jugar a los videojuegos

1 😃 ¡Me encanta! _____

2 😊 ¡Me gusta! _____

3 😒 ¡No me gusta! _____

3 Completa.

1 ¿ Te gusta la natación _____? → Sí, me gusta mucho.

2 ¿ _____? → No, no me apetece.

3 ¿ _____? → No, no me gusta.

4 ¿ _____? → ¡Sí, me apetece mucho!

5 ¿ Le _____? → No, no le gusta.

6 ¿ _____? → Sí, le apetece mucho.

7 ¿ _____? → Sí, le gusta mucho.

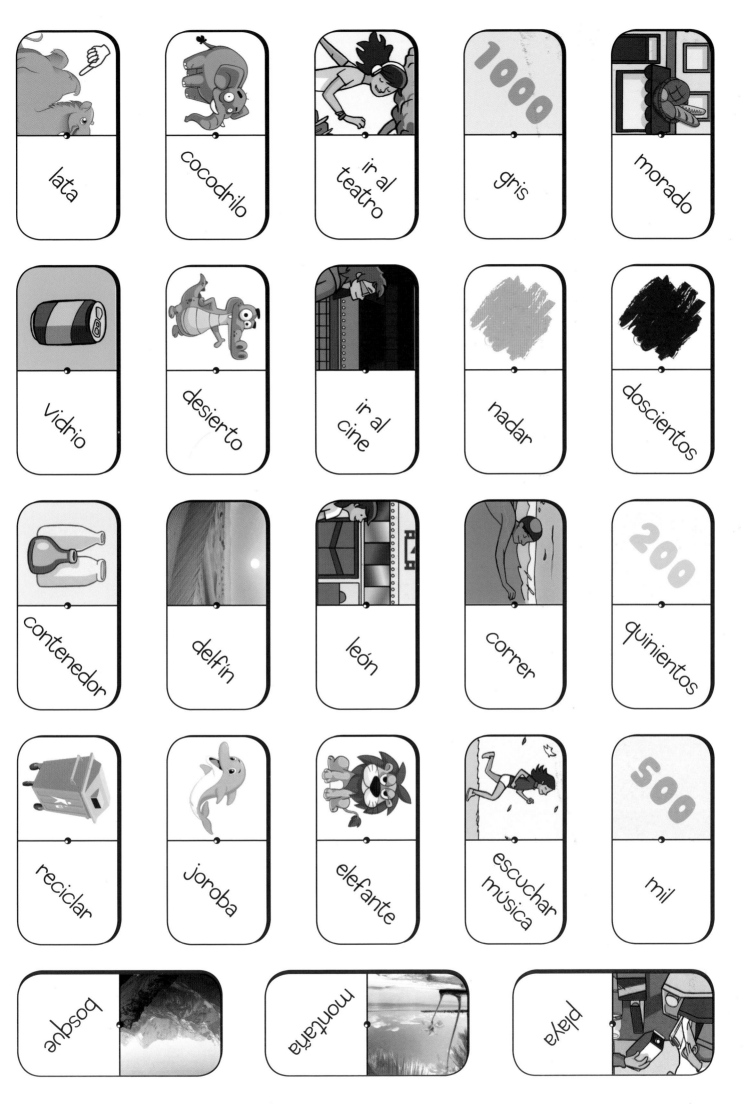

lata

cocodrilo

ir al teatro

gris

morado

vidrio

desierto

ir al cine

nadar

doscientos

contenedor

delfín

león

correr

quinientos

reciclar

joroba

elefante

escuchar música

mil

bosque

montaña

playa

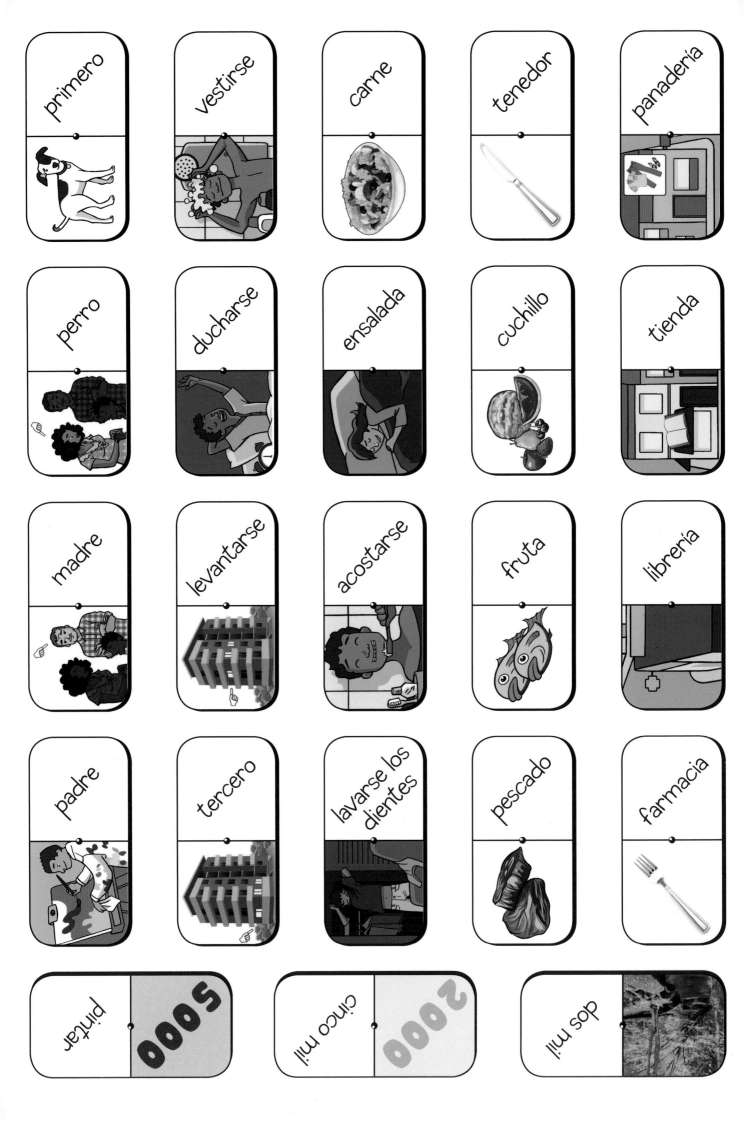

primero

vestirse

carne

tenedor

panadería

perro

ducharse

ensalada

cuchillo

tienda

madre

levantarse

acostarse

fruta

librería

padre

tercero

lavarse los dientes

pescado

farmacia

pintar — 5000

cinco mil — 2000

dos mil

4 Lee y une.

1 A Marta le gusta mucho ir a la playa.
2 A Pablo no le gusta jugar a los videojuegos.
3 A Luis le gusta mucho ir al campo.
4 A Fernando le encanta correr.
5 A mi madre no le gusta hacer natación.

- Él cree que es emocionante.
- Él cree que es aburrido.
- Ella piensa que es aburrido.
- Ella piensa que es divertido.
- Él piensa que es divertido.

5 Contesta.

1 ¿Te gusta jugar al tenis? → _____, creo que es _____.

2 ¿Te gusta ir al cine? → _____, _____. Pienso que es _____.

3 ¿Le gusta a tu amigo jugar a las cartas? → _____, le _____. Piensa que es _____.

4 ¿Le gusta a tu madre ir al teatro? → _____, _____. Ella piensa que _____.

5 ¿Te gusta ir a la playa? → _____, _____.

6 Completa el correo.

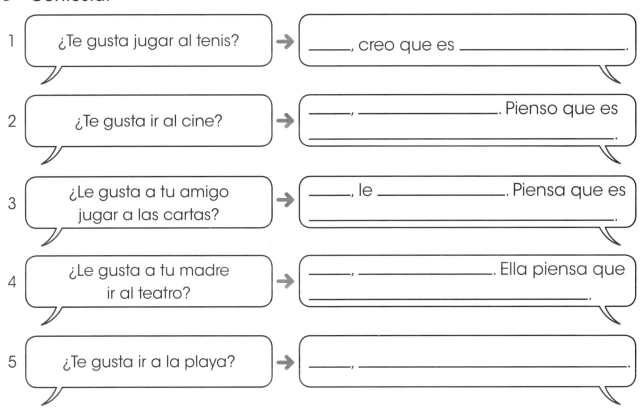

Para: elena@rapidmail.es   De: pedro@rapidmail.es   Asunto: El club de tenis.

¡Hola, Elena! ¿Cómo estás? Yo estoy muy bien.

Me gusta mucho _____ 🎾. Creo que es _emocionante_ 😃. ¡Me encanta Rafa Nadal! A mi padre le gusta mucho _____ 🏃, piensa que es _____ 😊. También _____ 🏊. ¡A mí me parece _____ 😕!

Creo que el partido del sábado es muy _____ 😃. ¿Te apetece ir al club?

Espero tu respuesta.

Pedro.

7 Ordena y escribe.

| esta tarde? ¿Qué haces | ¿A hora quedamos? qué | acuerdo. Vale, de | fin semana? este ¿Quedamos de | ¿Te al ir apetece cine? |

¿Qué haces _____ _____ _____ _____
esta tarde? _____ _____ _____ _____

8 Escribe.

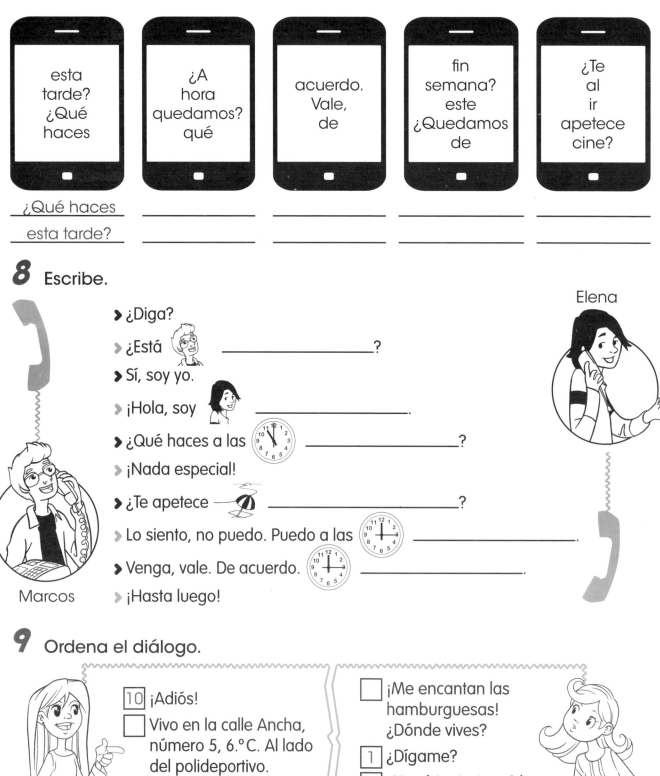

Elena

❯ ¿Diga?

❯ ¿Está _____?

❯ Sí, soy yo.

❯ ¡Hola, soy _____.

❯ ¿Qué haces a las _____?

❯ ¡Nada especial!

❯ ¿Te apetece _____?

❯ Lo siento, no puedo. Puedo a las _____.

❯ Venga, vale. De acuerdo. _____.

❯ ¡Hasta luego!

Marcos

9 Ordena el diálogo.

| 10 | ¡Adiós! |

☐ Vivo en la calle Ancha, número 5, 6.°C. Al lado del polideportivo.

☐ ¡Hola, Cristina! Soy María. ¿Te apetece comer en mi casa hoy?

☐ A la una y media.

☐ Muy bien. ¡Tenemos pasta y hamburguesas!

☐ ¡Me encantan las hamburguesas! ¿Dónde vives?

| 1 | ¿Dígame? |

☐ ¡Muy bien! ¿A qué hora quedamos?

☐ ¡Oh! Lo siento, no puedo. Voy a casa de mis abuelos. ¿Quedamos mañana?

☐ Hasta mañana.

Sesión 1

MI PROGRESO

1 Une.

- Ardilla
- Cigüeña
- León
- Jirafa
- Tigre
- Elefante
- Camello
- Cocodrilo
- Ballena
- Delfín

2 Elige y dibuja.

1 2 3 4

El **camello / elefante** tiene joroba, es alto y no tiene melena.

El **león / elefante** es grande, de color gris y tiene trompa.

Es pequeña, de color marrón y tiene cola. Es una **ardilla / ballena**.

El **tigre / cocodrilo** tiene colmillos y es de color verde.

3 Completa.

1 2 3 4

Es grande y tiene melena _____. ¡Es un león!

Tiene _____. Es naranja y negro. ¡Es un tigre!

Tiene _____ y _____. ¡Es una cigüeña!

El delfín tiene _____.

4 Observa y escribe.

¿QUÉ ESTÁ HACIENDO? ¿QUÉ ESTÁN HACIENDO?

La jirafa está ___comiendo___.

Las jirafas están _____.

_____ .

_____ .

_____ .

_____ andando.

5 Relaciona.

1    2    3    4

- Él está andando.
- Él está nadando.
- Ellos están saltando.

- Ellas están saltando.
- Ellos están jugando.
- Él está jugando.

- Ella está desayunando.
- Ellos están corriendo.
- Él está corriendo.

6 ¿Cómo es tu animal favorito? Dibújalo.

¿Cómo se llama? _____

¿De qué color es? _____

¿Cómo es? _____

_____

¿Dónde vive? _____

¿Qué come? _____

¿Por qué te gusta? _____

_____

7 Busca y escribe.

| pequeña | grande | fuerte | rápido | ~~lento~~ | alta |

lento

8 Observa y escribe.

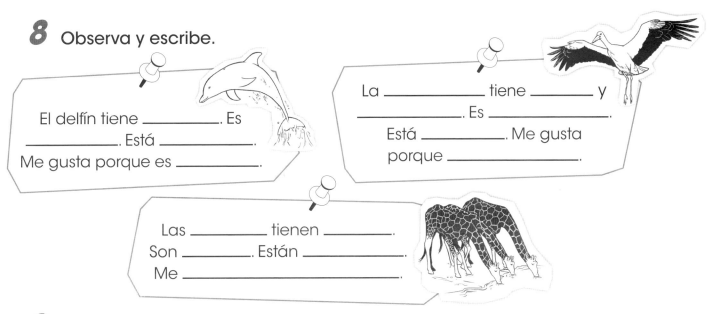

El delfín tiene _____. Es _____. Está _____. Me gusta porque es _____.

La _____ tiene _____ y _____. Es _____. Está _____. Me gusta porque _____.

Las _____ tienen _____. Son _____. Están _____. Me _____.

9 Lee y contesta.

EL PINGÜINO

El pingüino es un ave que no puede volar, pero nada muy bien. Vive en lugares donde hace mucho frío. Nunca vive solo. Siempre vive con muchos pingüinos más. No puede volar. Su comida favorita son los peces. En la tierra, el pingüino anda y salta.
Tiene pico y plumas que sirven para protegerlo del frío. Tiene la cabeza, las aletas y la espalda de color negro, y el pecho blanco.

1 Los pingüinos saben volar.   V   F
2 Viven en lugares donde hace frío.   V   F
3 No pueden andar.   V   F
4 Comen peces.   V   F
5 Los pingüinos son blancos y negros.   V   F

1 Relaciona y completa.

Contenedor verde

Contenedor azul

Contenedor amarillo

bolsas

periódicos

botellas de vidrio

botellas de plástico

cajas

latas

1 En el contenedor verde hay _____ .

2 Los _____ y las _____ están en el contenedor azul.

3 El contenedor amarillo tiene _____ , _____

y  _____ .

2 Lee y escribe.

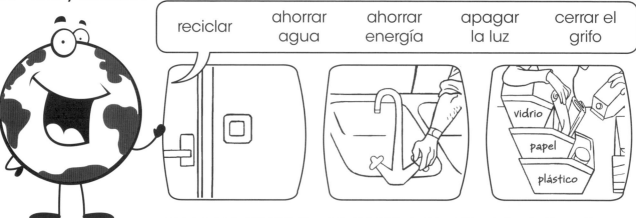

reciclar   ahorrar agua   ahorrar energía   apagar la luz   cerrar el grifo

vidrio
papel
plástico

_____   _____   _____

_____   _____   _____

3 Lee y rodea la respuesta correcta.

1 Ella cierra el grifo para **ahorrar agua** / **reciclar**.

2 Él apaga la luz para **tirar la basura** / **ahorrar energía**.

3 Él **apaga** / **recicla** los periódicos.

4 Yo tiro el plástico en el contenedor **amarillo** / **azul**.

5 Ella tira las botellas de vidrio en el contenedor **amarillo** / **verde**.

4 Elige y escribe.

1 Para <u>salvar el planeta hay que reciclar las latas</u>.

2 Para _____.

3 Para _____.

4 Para _____.

5 Lee y dibuja.

Hay que reciclar las latas, las botellas y los envases. Debes tirarlos a los contenedores azul, amarillo y verde.

Tienes que cerrar el grifo cuando te bañas o te duchas. ¡Hay que ahorrar agua!

Debes ahorrar energía, es muy importante. Hay que apagar la luz, el ordenador y la televisión si no los necesitas.

6 Completa.

árboles	botellas	amarillo	salvar	debemos	~~ahorrar~~

El 22 de abril es el Día de la Tierra. Hay que hacer muchas cosas para cuidarla: ___ahorrar___

agua y luz, reciclar envases y latas en el contenedor _____, el papel en el contenedor

azul y las _____ en el verde.

No _____ tirar las bolsas de plástico. Hay que usarlas varias veces. Los animales tienen

problemas porque cortamos muchos _____, el hielo se derrite y la Tierra se calienta.

¡Tenemos que _____ el planeta!

7 Adivina. Luego, escribe.

1 ¿Dónde hacemos la comida?
2 ¿Dónde está el televisor?
3 ¿Dónde dormimos?
4 ¿Dónde escribimos correos?
5 ¿Dónde nos duchamos?

_____

ordenador _____

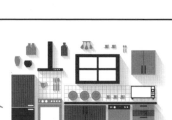

_____ _____ _____

8 Elige.

1 Te gusta ver el campo y la playa limpios. No hay contenedores. Debes:
   a) llevar la basura a casa.   b) dejarla allí.   c) no ir al campo.

2 Sales de tu estudio para jugar un partido. Tienes que:
   a) encender el ordenador.   b) apagar el ordenador.   c) cerrar el grifo.

3 Encuentras un periódico en el parque. Tienes que:
   a) tirarlo en el contenedor azul.
   b) dejarlo allí.
   c) tirarlo en el contenedor amarillo.

4 Para ahorrar agua:
   a) debes cerrar el grifo cuando
      te lavas los dientes.
   b) no te lavas los dientes.
   c) te bañas.

5 Si quieres salvar el planeta:
   a) no debes hacer nada.
   b) debes encender la luz.
   c) tienes que reciclar.

9 Contesta y escribe.

1 ¿Dónde reciclas el papel? _Yo reciclo el papel en el contenedor azul_.

2 Para ahorrar energía… _____.

3 ¿Dónde reciclas el vidrio? _____.

4 ¿Qué haces para ahorrar agua? _____.

5 Apago el ordenador cuando… _____.

Unidad 8 — Un paseo por el pasado

Sesión 1

1 Escribe.

¿QUÉ HICISTE AYER?

TOMÁS

escribir

1 _____.

comprar

2 _____.

MARÍA

hablar

3 _____.

escuchar

4 _____.

estudiar

5 _____.

JUAN

quedarse en casa

6 _Me quedé en casa_.

pasear

7 _____.

jugar

8 _____.

2 Relaciona y completa.

1   2   3

4   5   6

[4] __Hablé__ por teléfono con mis abuelos.

[ ] _____ al tenis con mis amigos.

[ ] _____ en el jardín.

[ ] _____ un cuadro.

[ ] _____ música con mi iPod.

[ ] _____ Lengua y Ciencias.

3 Completa y contesta.

1 ¿Jug__aste__ al fútbol? _No, jugué al baloncesto._

2 ¿Te qued____ en casa? _No, _____.

3 ¿Estudi____ Matemáticas? _Sí, _____.

4 ¿Escuch____ música? _____.

5 ¿Habl____ con tu padre? _____.

4 Relaciona.

¿QUÉ HIZO LUCÍA?

El año pasado
Ayer por la tarde
El lunes pasado
Anteayer
El fin de semana
El sábado pasado

se quedó
jugó
estudió
paseó
escuchó
escribió

en la playa.
Ciencias.
en casa de sus abuelos.
un correo a su amigo.
música en la radio.
por el parque.

5 Escribe.

estar en casa
de mis abuelos

ir al cine

tener clase
de Música

¿QUÉ HICISTE LA SEMANA PASADA?

Estuve en casa de mis abuelos.

_____

_____

hacer los deberes

ir a la playa

¿QUÉ NO HICISTE LA SEMANA PASADA?

_____

_____

6 Completa.

fui
fuiste
fue
estuve
estuvo
tuve
tuviste
hice
hiciste

¡Hola! El sábado pasado (yo) ____fui____ al cumpleaños de Marta. Luis _____ en la fiesta con sus amigos. ¿Por qué no (tú) _____?
4:36 PM

_____ en casa de mis abuelos. Viven en Córdoba. Mi prima Ana _____ allí también.
4:40 PM ✓

El domingo (yo) _____ los deberes. ¿Y tú? ¿Cuándo los _____?
4:36 PM

Yo los hice el sábado. ¿ _____ clases de Música el viernes?
4:40 PM ✓

No, no _____ clase. Vale, adiós.
4:36 PM ✓

¡Adiós!
4:40 PM ✓

Sesión 3

7 Escribe.

| mil quinientos sesenta y cuatro | seis mil trescientos veintiuno | tres mil doscientos catorce |

_____ _____ _____

| 1832 | 1689 | 1765 |

_____ _____ _____

8 Lee y escribe.

LOS INVENTOS

Algunos inventos son muy antiguos. Por ejemplo, el cepillo de dientes se inventó en el año mil cuatrocientos noventa y ocho. El lápiz, que es de mil quinientos sesenta y cuatro. En mil setecientos setenta se inventó la goma. ¡Mucho tiempo sin borrar! Otro invento muy importante es la bicicleta, ¡en mil ochocientos sesenta y uno! ¿Y la televisión? ¡En mil novecientos veinticinco! El primer teléfono móvil se inventó en mil novecientos cuarenta y siete. ¡Muy grande! ¿Sabes cuándo se inventó Internet? ¡En mil novecientos sesenta y nueve!

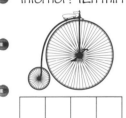 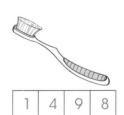  

| | | | | |

| | | | | 1 | 4 | 9 | 8 | | | | | | | | |

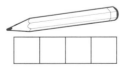 

| | | | | | | | |

9 ¿Qué hiciste el verano pasado? Completa y dibuja.

El verano pasado fui a _____ con

_____. El primer día _____

_____.

El segundo día _____

_____.

Otro día _____

_____.

MI PROGRESO

1 Completa.

desierto	selva	plantas	oasis	lago
pico	montaña	río	valle	arena
árboles	roca	playa	mar	bosque

desierto

2 Lee y rodea.

1 En el desierto hay **oasis** / **ríos**.

2 En la playa **hay arena** / **hace frío**.

3 En el valle hay **mar** / **montañas**.

4 En la selva hay **rocas** / **árboles**.

5 En la montaña hace **frío** / **calor**.

3 Relaciona usando diferentes colores.

La playa
La selva
El mar
La ciudad
El contenedor verde
El bosque

es un lugar
donde hay

arena y mar.
delfines y ballenas.
cajas y periódicos.
leones y cocodrilos.
ardillas.
iglesias y museos.

4 Encuentra y completa.

lluvioso nevado seco caluroso tranquilo profundo frío húmedo

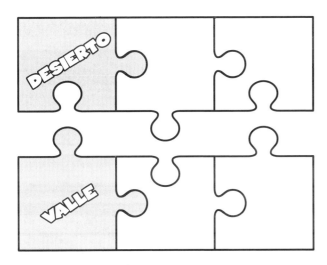

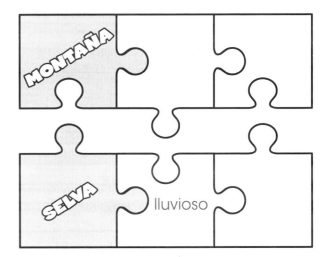

lluvioso

5 Lee y completa. Luego, adivina.

| frío | tranquilo | nevadas | profundo | ~~húmedo~~ | largo | altas |

Es un lugar ___húmedo___, donde hay un lago muy _____.
Hay unos árboles naranjas y marrones. Creo que es otoño.
Hay un _____ camino para pasear. Las
montañas son _____ y están _____.
Las casas son de madera. Yo pienso que hace _____.
Me encanta porque es un lugar _____

6 Lee y dibuja.

Las montañas son altas y marrones. Algunas están nevadas. Delante de la segunda montaña hay un bosque húmedo. Pienso que el bosque es divertido porque hay muchas ardillas corriendo. El río está en el centro. A la izquierda del río hay dos casas. Una casa es de madera roja y otra casa es de piedra gris. A la derecha del paisaje está la playa, con rocas, arena y el mar azul.

7 Observa y completa.

ALTO

Aconcagua (Argentina) (6 962 m)

Teide (España) (3 718 m)

El Aconcagua es más alto que el Teide.

LARGO

El río Guadalquivir (657 km)

El río Ebro (930 km)

_____

SECO

El desierto del Sáhara (África)

El desierto de Atacama (Chile)

_____

GRANDE

El lago de Sanabria (3,18 km²)

El lago de Bañolas (1,18 km²)

_____

HÚMEDA

La playa del Carmen (México)

La playa de Las Catedrales (España)

_____

8 Escribe sobre ti.

1 ¿Te gusta más la playa o la montaña? _____.
   ¿Por qué? _____.

2 ¿Te gusta más el desierto o el valle? _____.
   ¿Por qué? _____.

3 ¿Te gusta más el valle o el bosque? _____.
   ¿Por qué? _____.
   _____.

4 ¿Te gusta menos la playa o el bosque? _____.
   ¿Por qué? _____.